Couvertures supérieure et inférieure manquantes

CHEMINS DE FER DE LA HAUTE-LOIRE

LIGNE DU PONT-DE-LIGNON AU PUY

FÊTE
RELIGIEUSE & MUNICIPALE

13 MAI 1866

LE PUY
TYPOGRAPHIE & LITHOGRAPHIE MARCHESSOU
Boulevard Saint-Laurent, 23
1866

VILLE DU PUY

OUVERTURE DU CHEMIN DE FER

La bénédiction solennelle de notre voie ferrée a eu lieu dimanche 13 mai, ainsi que nous l'avions annoncé.

Constatons d'abord que l'empressement de la population à se rendre à l'appel de l'honorable Maire du Puy, a dépassé toutes les espérances. La ville toute entière était là, et non-seulement la ville, mais encore un grand nombre d'habitants des communes suburbaines. La foule qui inondait l'immense gare et ses abords a été évaluée, par quelques-uns, à dix ou douze mille personnes; tout ce que nous pouvons affirmer, c'est que, depuis l'inauguration de la statue du mont Corneille, nous n'avions vu, sur le même point, une pareille agglomération de peuple.

La réunion du cortége municipal avait été fixée à onze heures un quart ; mais, dès onze heures, la place de l'Hôtel-de-Ville était inabordable. A la municipalité de notre ville étaient venues se joindre celles des quinze autres communes appartenant aux cantons Nord-Ouest et Sud-Est du Puy, ayant à leur tête les Maires et Adjoints ceints de leurs écharpes et précédées de leurs drapeaux. Bientôt arrivent tous les corps de métiers de la cité, porteurs de leurs insignes ornés de fleurs et rangés sous leurs bannières respectives; l'Orphéon du Velay, avec sa riche et noble bannière de dentelles; les fanfares des pensionnats de Notre-Dame de France et de l'institut de Paradis.

Près de la bannière de l'Orphéon on remarquait, mêlé aux exécutants, une célébrité musicale de la France, M. Laurent de Rillé, professeur et compositeur distingué, inspecteur général des Lycées et Ecoles normales de l'Empire, de passage en ce moment dans notre ville.

Le cortége se met en marche, escorté par notre belle compagnie de Sapeurs-Pompiers, en grande tenue, drapeau déployé. Tous les Fonctionnaires et Employés des diverses administrations de la ville, les Légionnaires, les Médaillés et un nombre considérable de citoyens, marchent à la suite des Municipalités.

Arrivé devant l'Hôtel de la Préfecture, le cortége fait une halte pour prendre l'honorable M. Démons. Le premier Magistrat du département avait, en effet, voulu rehausser de sa présence l'éclat de cette fête improvisée par nos édiles. Près de lui prennent place M. le secrétaire général et MM. les membres du Conseil de préfecture.

Malgré une pluie froide et intermittente, le cortége grossissait à chaque pas; à son arrivée à la gare, il fut salué par l'artillerie municipale. La foule, sur ce point, était tellement compacte, qu'il s'écoula un temps relativement assez long avant que les invités pussent se rendre à la place qui leur avait été réservée : c'était la vaste gare à charbon disposée en estrade pour la circonstance.

A ce moment la pluie avait cessé, et le spectacle qui s'offrit à nos yeux émerveillés était des plus grandioses. Nous avions en face le pittoresque rocher d'Anis, dominé par la majestueuse statue de Notre-Dame de France, l'antique basilique romane, dont les vitraux reflétaient les quelques rares rayons de soleil qui étaient parvenus à percer les nuages; puis les bizarres constructions de la ville primitive. A droite, le magnifique panorama qu'offre, de ce point, la vallée de la Loire, ornée de sa parure printanière, les coteaux vignobles avec leurs maisonnettes éparses, et, tout au fond du paysage, les gigantesques sommets des montagnes vellaviennes. Plus près, les élégantes constructions de la gare, pavoisées aux couleurs nationales. De chaque côté de la voie, protégée par une haie de soldats du 16e de ligne, la foule immense aux costumes variés, aux couleurs multiples, foule dans laquelle se trouvaient confondus tous les rangs, tous les âges.

M. l'Inspecteur principal de l'exploitation avait quitté la veille sa résidence de St-Etienne, pour prescrire, au nom de la Compagnie, toutes les dispositions de matériel utiles.

Cependant Monseigneur l'Evêque arrive entouré du Chapitre de Notre-Dame, accompagné d'un nombreux clergé en habit de chœur. Sa Grandeur est reçue, par les Autorités municipales, dans le vestibule de la gare, et tout le cortége se dirige vers l'estrade improvisée. Sur le devant avaient été placés des fauteuils où prennent place Mgr l'Evêque du Puy, M. le Préfet de la Haute-Loire, M. le Général commandant la Haute-Loire, M. le Président du tribunal civil du Puy, M. le Maire, promoteur et organisateur de la fête, M. le Procureur impérial, MM. les Conseillers de préfecture, les Magistrats, les Vicaires généraux, les Chefs de service, les Conseillers municipaux du Puy, les Maires et Conseillers municipaux des communes des deux cantons, les Officiers de la garnison, et presque sans aucune exception, tous les Fonctionnaires et Employés des diverses administrations. Le Clergé se trouvait au bas de l'estrade. Les trois fanfares, placées sur divers points, se faisaient entendre tour-à-tour.

Bientôt, au signal donné par M. le chef de gare, qui tient à la main un fanion écarlate, trois magnifiques locomotives sous vapeur, *Montbrison*, *Grand'Croix* et *Vendranges*, pavoisées de drapeaux tricolores, s'avancent majestueusement du fond de la gare et viennent, dociles aux mains exercées qui les dirigent, se placer de front, en face de l'estrade

La musique cesse alors ses accords, un profond silence s'établit, et M. le Maire, d'une voix claire et retentissante, jette au loin, à la foule, avide de l'entendre, le remarquable discours qu'on va lire. Après avoir, en quelques mots, expliqué le but de la fête, M. H. Vinay fait en termes éloquents et précis l'historique des chemins de fer dans la Haute-Loire, et constate l'influence heureuse de la voie ferrée dans nos montagnes. Mais nous craindrions de l'affaiblir en cherchant à analyser son discours, signalé par de nombreuses marques d'approbation.

M. le Maire s'est exprimé en ces termes :

Messieurs,

Une grande solennité religieuse nous assemble dans cette gare. Monseigneur l'Evêque a bien voulu, la veille de l'ouverture de la ligne du Puy au Pont-de-Lignon, bénir lui-même la voie, les locomotives et les wagons.

Nous allons unir nos prières à celles du Clergé, pour demander à Dieu et à Notre-Dame de France, patronne de notre antique cité d'Anis, d'éloigner de cette ligne les catastrophes terribles qui ont semé quelquefois l'épouvante et le deuil parmi les populations.

Mais, auparavant, qu'il me soit permis de jeter un rapide coup d'œil sur l'historique des chemins de fer dans la Haute-Loire, leur avenir probable dans ce département, et l'influence qu'ils sont appelés à y exercer.

Si un homme d'esprit avait dit, il y a quinze ans, que plusieurs chemins de fer sillonneraient un jour nos vallées, bien des sourires d'incrédulité auraient accueilli cette prédiction. Mais, à cette heure, le doute n'est plus possible : nous avons sous nos pieds la voie ferrée, un convoi est devant nous, et le sifflet perçant des locomotives retentit à nos oreilles.

En 1852, lorsqu'un des hommes qui ont le plus favorisé l'essor industriel du second Empire, M. le comte de Morny, eût prêté son puissant patronage à l'idée féconde de doter d'un réseau de routes ferrées les départements du centre de la France, toutes les villes intéressées se groupèrent autour de lui; disons-le à l'éloge de notre Velay, les hommes d'initiative et de progrès ne manquèrent pas, et une députation d'habitants du Puy alla plaider la cause du pays, soit auprès des Ministres, soit auprès de l'Empereur.

Ces efforts ne furent pas stériles, et les décrets du 2 février et 6 avril 1853, approuvés par la loi du 2 mai suivant, en concédant définitivement au Grand-Central le chemin de fer de Lyon à Bordeaux, stipulèrent qu'il passerait par le Puy, et que la partie comprise entre Firminy et Arvant serait terminée dans le délai de onze ans.

Plus tard, lors de la fusion du Grand-Central, en 1857, les mêmes obligations furent imposées à la Compagnie de Paris à Lyon et à la Méditerranée, qui héritait de cette partie du réseau.

C'est alors qu'apparut, pour la première fois, la concession *éventuelle* de la ligne de Brioude à Alais, concession rendue définitive en 1862, non sans avoir vivement occupé l'opinion publique dans le département.

Si la ville du Puy, qui préconisait les avantages du tracé par la vallée de la Loire, a succombé dans la lutte, elle a conservé intacte la conviction de la supériorité, à tous les points de vue, de ce tracé. Elle espère avec confiance que, dans un avenir prochain, il sera indispensable d'exécuter la ligne du Puy à Aubenas.

Mais, en attendant la réalisation de ces espérances, nos instantes préoccupations se sont attachées surtout à la prompte exécution de la ligne de St-Etienne à Arvant, déjà obtenue. Nos légitimes doléances sont allées plusieurs fois jusqu'aux pieds du trône, et une pétition récente, remise entre les mains de l'Empereur, a appelé son attention sur la situation, jusque-là trop négligée, de cette ligne.

Que la Compagnie ne nous sache pas mauvais gré de nos démarches multipliées et pressantes : nous avons hâte de jouir des bienfaits des voies ferrées. Après avoir, par l'impôt, coopéré à la création des grandes lignes dans les autres départements, n'est-il pas juste que nous insistions, afin qu'on n'ajourne pas indéfiniment l'exécution de celles qui constituent pour nous des droits acquis ?

Toutes les fois que des questions d'intérêt général s'agitent dans notre pays, les divergences particulières savent s'effacer, et c'est à ce sentiment élevé que le Conseil municipal du Puy a obéi, lorsque, tout récemment, il a demandé que la section du Puy à Brioude fût exécutée au plus tôt, sans aucune préférence de tracé ; ce qui eût peut-être fourni un prétexte à de nouvelles lenteurs.

La Compagnie tient entre ses mains le principal instrument de la production économique et de la prospérité commerciale du pays.

Pourquoi, tout en conciliant le bon marché de la construction avec la sécurité et l'économie de l'exploitation, n'a-t-elle pas complété son œuvre? Nous sommes ici l'interprète du sentiment général, en exprimant le regret que le chemin n'ait été construit qu'à une seule voie. Le chiffre de nos importations et de nos exportations a-t-il été bien connu? N'est-il pas probable que, dans un avenir peu éloigné, les vallées de la Loire et de ses affluents se couvriront d'usines de tout genre, mettant à profit les forces motrices de nos cours d'eau.

L'industrie dentellière, cette gloire de nos montagnes qu'elle enrichit, n'attirera-t-elle pas un courant continuel de voyageurs et de transports à grande vitesse?

Curieux de voir ses pittoresques beautés, ses phénomènes géologiques et ses monuments féodaux, de nombreux touristes ne viendront-ils pas, chaque année, visiter notre cher pays de Velay, cette Suisse française?

N'hésitons pas à reconnaître l'essor que le chemin de fer va imprimer à la prospérité générale de nos contrées.

En nous faisant participer à l'approvisionnement des grands centres, la voie ferrée ne va-t-elle pas procurer des éléments de travail et de bénéfice à nos communes rurales, privées jadis de débouchés? Nos bestiaux, qui servent déjà à l'alimentation de Saint-Étienne, de Lyon et de Marseille, ne donneront-ils pas aux éleveurs un prix plus rémunérateur? La culture maraîchère et nos industries locales ne se développeront-elles pas davantage?

Grâce au chemin de fer, le département est désormais préservé des crises qu'il a traversées à la suite des mauvaises récoltes; le prix des blés devant forcément s'équilibrer avec celui des pays voisins. Les vins, les charbons, les fers subiront une diminution sensible. Plus fréquentées par les acheteurs étrangers, nos foires prendront une nouvelle extension.

Si certaines villes intermédiaires, placées sur le parcours des chemins de fer, ont perdu de leur importance, c'est qu'elles tiraient leurs seules ressources d'une grande route vivifiée par le passage des voitures de poste, des diligences et du roulage. Un tel résultat n'est pas à craindre, au Puy, où presque tout ce qui nous arrive, à grands frais, est destiné à la consommation locale.

Introduisant peu à peu dans les relations de contrées à contrées des inspirations d'un libéralisme plus élevé, le chemin de fer tend aussi à donner à chacun de nous cette conscience de soi-même qui est la base des plus larges institutions. Il facilite les efforts et élargit l'horizon de tous ceux qui cherchent à grandir par le travail ; il répand les habitudes de sociabilité et élève tout le monde sans rabaisser personne.

Enfin, l'influence du chemin de fer ne tendra-t-elle pas au perfectionnement moral, en diminuant l'ignorance et en amenant la diffusion des connaissances parmi les habitants de nos montagnes ?

La religion a compris ainsi l'influence éminemment civilisatrice des chemins de fer, et si elle vient, avec ses pompes, rehausser l'éclat de leurs inaugurations, c'est qu'elle reconnaît à cette grande création des temps modernes un but et une portée bien autrement élevés que la satisfaction des intérêts purement matériels du peuple.

Cette foule émue et empressée dit assez avec quelle impatience était attendue l'ouverture de la voie. Tout le monde s'est rendu à notre appel, et, quoique la fête soit spontanée, improvisée, vous voyez se grouper autour de nous les fonctionnaires publics, les corporations ouvrières, la ville entière à laquelle sont venues se joindre les municipalités des deux cantons du Puy.

C'est qu'en effet, Messieurs, chacun de nous ici, sans exception, comprend les immenses bienfaits de la voie ferrée. Chacun de nous rougit de la tache noire imprimée jadis sur le département par un économiste, au point de vue de l'instruction primaire. Espérons qu'avant peu d'années la Haute-Loire occupera une des meilleures places de la statistique intellectuelle et morale de la France.

Si la Compagnie ne fait plus aujourd'hui d'inauguration solennelle, elle a la généreuse pensée d'y suppléer par d'abondantes aumônes aux indigents et de marquer par un bienfait le souvenir de son installation définitive au milieu de nous.

Avant de terminer, Messieurs, rendons grâces à l'Empereur

d'avoir doté notre pays de cet admirable instrument de progrès et de richesse.

Remercions notre excellent Préfet, M. Demonts, de l'appui qu'il a prêté à l'accomplissement de cette œuvre si importante pour le département, dont il est à la fois le sage administrateur et le zélé défenseur.

Remercions Mgr l'Evêque de ses précieuses sympathies : sa présence nous en donne en ce moment une preuve éclatante.

Remercions nos honorables Députés, les administrateurs, les citoyens amis du bien public, qui, depuis 12 ans, ont concouru par leurs efforts à amener le chemin de fer aux portes de notre ville.

Rendons un hommage mérité au zèle éclairé de MM. les Ingénieurs de l'Etat qui ont fait les études premières, et démontré la possibilité des voies ferrées dans nos montagnes.

Rendons le même hommage aux Ingénieurs intelligents et actifs de la Compagnie qui ont dirigé ces remarquables travaux, aux Entrepreneurs qui ont su mettre en pratique toutes les ressources de l'art moderne, et qui, dans l'espace de deux années, ont construit cette voie en surmontant les obstacles accumulés de la nature.

Honneur aussi aux modestes ouvriers, ces pacifiques soldats du travail, la plupart enfants du pays, qui, maintes fois, au péril de leur vie, ont ouvert les tunnels à travers nos montagnes de granit, et jeté sur nos vallées les voûtes de ces hardis viaducs.

Mais je sens, Messieurs, qu'il ne convient pas de prolonger davantage votre attente ; vous êtes impatients d'entendre la parole éloquente et aimée de notre premier Pasteur et de voir s'avancer les locomotives frémissantes au-devant de la bénédiction épiscopale !

De nombreux bravos, des applaudissements prolongés ont accueilli ces paroles, véritable écho des sentiments de la population.

L'Orphéon du Velay fait alors entendre un des plus beaux morceaux de son répertoire, *Galatée;* puis Monseigneur se lève et s'avance jusqu'au bord de l'estrade.

Tous les habitants du diocèse du Puy connaissent maintenant cette voix solennelle et vibrante qui semble avoir été faite pour régner sur les masses ; cette figure à grands traits, qui semble avoir été prise sur ce type des antiques figures pontificales que nous représentent les anciennes gravures et auxquelles la mitre donne tant de majesté. Là, au milieu d'un silence imposé, moins encore par le respect de son autorité que par l'admiration habituelle de son éloquence, Sa Grandeur a prononcé avec une émotion dont le sentiment s'est immédiatement communiqué à tous ceux qui pouvaient réellement l'entendre, et dont l'expression s'est aussitôt reflétée sur toute l'immense assistance qui semblait l'entendre du regard, le discours que nous sommes heureux de pouvoir reproduire tout entier textuellement :

Messieurs,

La présence de l'Evêque à cette inauguration tant désirée, c'est-à-dire l'intervention de l'autorité religieuse qui bénit et qui consacre, au nom du Ciel, les entreprises utiles et les féconds travaux de l'homme, est chose si naturelle, si parfaitement dans l'ordre, que le fait contraire, un instant redouté, par suite d'un malentendu sans doute, avait alarmé l'opinion et n'eût pas manqué d'émouvoir péniblement le pays. Nul ne pourrait s'en étonner, après tout, à moins de méconnaître et les sentiments traditionnels du Velay, et le côté le plus sérieux, le plus élevé de la cérémonie qui nous rassemble en ce moment. Le sol que nous foulons fut de tout temps renommé par la vigueur de sa foi ; et ce ne serait pas au pied de la montagne que gravirent pendant de si longs siècles les plus illustres pèlerins de la Vierge d'Anis, que l'on voudrait écarter la prière qui rassure, en intéressant le Ciel à une entreprise pleine de promesses et d'espérances, mais en même temps soumise à tant de craintes et de dangers.

Aussi, Messieurs, à la première expression d'un pieux désir de la part des Autorités locales, fidèles interprètes du vœu général, nous sommes-nous fait une douce obligation de déranger le plan de nos tournées pastorales, pour venir mêler, aux accents de votre joie et de votre foi, notre bénédiction d'Evêque, nos actions de grâces et nos ardentes supplications.

Ce n'est pas à vous, population fidèle, chrétiens de vieille roche, qu'il est besoin de dire que la religion, si injustement traitée de rétrograde, si faussement accusée d'antagonisme ou même d'hostilité, par ceux qui la calomnient après l'avoir désertée, n'est étrangère, ni indifférente à aucun progrès glorieux ou profitable. La religion de Jésus-Christ, la religion de nos aïeux, aime la lumière; car elle prêche, car elle sert un Dieu qui s'appelle le Maître des sciences, comme il se nomme le Dieu des vertus. Et si, par respect pour la dignité humaine, non moins que par soumission à la loi du Créateur, elle dit à ses enfants dociles : Ne profanez pas le saint repos du dimanche, tenez-vous en garde contre l'exemple, contre les excitations, et même contre l'odieuse tyrannie de ces étrangers, de ces travailleurs nomades, qui, sans nécessité aucune, contrairement même aux lois de l'Etat, vous poussent à travailler le jour du Seigneur, sauf à vous faciliter les débauches du lundi; si la religion redoute et combat, pendant la durée des travaux préparatoires, l'immoralité, trop souvent affichée et enseignée, au grand scandale et à la désolation des plus honnêtes familles, la religion n'en encourage et n'en bénit pas moins les résultats matériels, malheureusement achetés trop cher, quand c'est au prix de la foi et des mœurs.

Grâces au ciel, il est permis d'espérer que les ravages dans ce triste genre auront été moindres chez nous que dans d'autres contrées, moins religieuses et moins solides sur les principes.

Nous avons confiance que notre antique et forte constitution vellavienne aura su résister avec plus de succès aux funestes entraînements.

Félicitons-nous donc, sans arrière-pensée, de voir aujourd'hui s'ouvrir pour notre pays, trop longtemps déshérité, ces communications rapides qui vont, nous ne dirons pas, en rappelant une expression tant soit peu maligne, placer enfin en France les habitants de la Haute-Loire, — car, Dieu merci, nous étions, même avant le chemin de fer, aussi bons Français que quiconque, — mais qui vont activer nos rapports, multiplier, en les élargissant, nos relations sociales, et, — laissez-nous ajouter avec une fierté bien permise, — nous replacer au rang qui nous est dû dans l'opinion, en nous faisant mieux connaître.

A d'autres qu'au Chef spirituel du diocèse il appartient de faire ressortir les avantages matériels de toute sorte qui découleront naturellement pour nos âpres contrées des facilités nouvelles d'importation et d'exportation. L'horizon qu'embrasse le regard de l'Evêque est plus vaste à la fois et plus élevé. Ses préoccupations premières se portent sur un autre ordre d'idées, bien que son cœur de père ne soit jamais indifférent aux intérêts inférieurs, aux besoins, aux satisfactions, aux légitimes jouissances de sa grande famille adoptive.

Bientôt ces longues files de chars, emportées par des coursiers de feu, déposeront au fond de nos curieuses vallées, non plus seulement quelques rares touristes épris de tant de sites pittoresques, ou jaloux d'interroger nos vieux monuments, nos fières ruines féodales et les profondes déchirures de notre sol basaltique; mais, grâces aux excitations nouvelles d'une locomotion devenue si commode et si prompte, l'historique pèlerinage, le sanctuaire vénéré de notre puissante Madone, rajeunis et rendus à leur splendeur des siècles de foi, verront avec un noble orgueil de nombreux, d'illustres étrangers s'agenouiller pieusement, comme jadis les Papes, les Empereurs et les Rois, devant la miraculeuse Image, puis contempler avec admiration les glorieux trophées de nos victoires nationales transformés, par la libéralité intelligente et chrétienne du Grand Prince qui gouverne la France, en une gigantesque et incomparable statue de la Vierge-Mère.

Saluons, Messieurs, ces douces espérances, ce consolant avenir qui, au contact de ce que la civilisation moderne a de meilleur et de plus pur, achèvera d'adoucir, de polir les mœurs de nos populations montagnardes, en faisant disparaître les derniers vestiges d'une rudesse de caractère et de conflits sanglants, qui deviennent heureusement plus rares de jour en jour.

Pour cela, comme le faisaient nos catholiques ancêtres, d'un même cœur et d'une même voix, adressons-nous au Ciel qui protége les voyageurs et de sa main puissante écarte les accidents.

Il ne nous conviendrait pas de faire l'éloge de ce discours. Trois choses principales nous ont surtout frappé, et resteront sans doute profondément gravées dans les esprits : le glorieux témoignage une fois de plus rendu à la foi traditionnelle des habitants du catholique Velay; la dépendance dans laquelle les travaux de l'homme demeurent toujours à l'égard des saintes lois de l'Evangile; la sincérité avec laquelle la religion s'empresse partout de bénir tous les progrès véritables, toutes les découvertes fécondes qui, sans détourner l'homme de ses destinées éternelles, peuvent contribuer à l'amélioration de cette vie du temps qui est aussi un don de Dieu, et dont chaque nouvel avantage doit exciter en nous un nouveau sentiment de religieuse reconnaissance.

Après le discours de l'éloquent Prélat, une des locomotives s'éloigne de ses sœurs pour chercher les wagons destinés à composer le premier train, et vient reprendre sa place devant l'estrade. Monseigneur l'Evêque, d'une voix solennelle, prononce alors les paroles sacrées qui doivent appeler sur la voie et sur les trains les bénédictions célestes. Descendant ensuite de l'estrade, Sa Grandeur bénit les locomotives et la voie, pendant que l'Orphéon chante le *Laudate Dominum*, de Laurent de Rillé.

La bénédiction terminée, le chœur entonne le *Domine salvum fac Imperatorem*, que le Clergé répète par trois fois. Ce chant, cher à tous les cœurs français, est accueilli aux cris patriotiques de : *Vive l'Empereur !*

Après un magnifique chœur de circonstance : *France*, chanté avec ensemble par l'Orphéon, accompagné de sa fanfare, six nouvelles salves d'artillerie ont annoncé à la foule la fin de la cérémonie religieuse.

Monseigneur, qui ne recule devant aucune fatigue, est monté immédiatement en voiture de voyage à la gare, se rendant à Pradelles pour continuer sa tournée pastorale interrompue.

Le cortége s'est reformé dans le même ordre qu'à l'arrivée; pendant la marche, les fanfares de l'Orphéon, du Paradis, des Frères de la Doctrine chrétienne, ont alternativement exécuté des morceaux choisis.

Devant l'hôtel de la Préfecture, M. le Préfet a pris congé du Corps municipal. Arrivé à l'Hôtel-de-Ville, le cortége s'est rangé en cercle sur la place, et M. le Maire a adressé à chacun des paroles de remerciments. A ce moment, la foule, dominée par les drapeaux des municipalités et les bannières des corps de métiers, présentait un coup d'œil saisissant.

Le Puy gardera longtemps le souvenir de cette fête émouvante, où toutes les classes de la société semblaient heureuses et fières de se donner la main et de confondre leurs espérances.

Constatons en terminant que, grâces aux mesures prises par M. le Commissaire de police, l'ordre n'a pas été troublé un seul instant ; aucun accident n'est à déplorer.

www.ingramcontent.com/pod-product-compliance
Lightning Source LLC
Chambersburg PA
CBHW071449060426
42450CB00009BA/2347